DE LA
GUERRE SOCIALE

ET DES

MOYENS D'EN ÉCARTER LA MENACE.

PARIS

E. LACHAUD, ÉDITEUR,

4, PLACE DU THÉATRE-FRANÇAIS, 4,

—

1871

DE

LA GUERRE SOCIALE

et

DES MOYENS D'EN ÉCARTER LA MENACE.

Nancy. — G. Crépin-Leblond, Imprimeur
14, Grande-Rue (Ville-Vieille), 14.

AVANT-PROPOS.

La question sociale, c'est-à-dire dans les termes
où la pose aujourd'hui l'*Internationale*, la question
pour la société d'être ou de n'être pas, s'impose plus
irrésistiblement que jamais au parti de l'ordre, trop
peu attentif jusqu'au 18 mars aux progrès de la
conspiration qui se trame en Europe contre la civilisation.

C'est pour apporter quelques données à la solution
de ce problème qu'ont été écrites les pages qu'on va
lire. On a l'espoir que les documents assez nombreux qui y figurent, à titre de pièces justificatives,
achèveront d'éclairer sur leur véritable caractère
ceux qui, tout en blàmant les crimes de la Commune,
se persuadèrent qu'il y avait au fond de l'insurrection parisienne une idée dont les hommes de progrès
et les républicains convaincus pouvaient faire leur
profit.

Après avoir montré le rôle qu'y a joué la redoutable association qui en fut l'âme, les moyens dont elle dispose et la fin qu'elle poursuit, nous nous sommes demandé comment la société pouvait conjurer les dangers qui la menacent ; et pour échapper au reproche de ne pas conclure, nous avons apporté notre solution. Notre but sera atteint, si nous trouvons parmi nos lecteurs des coopérateurs dévoués à la propagande des idées que nous venons défendre contre la barbarie communiste.

DE LA GUERRE SOCIALE

Des moyens d'en écarter la menace.

Les luttes sociales qui menacent, dans un avenir plus ou moins prochain, la société européenne, se sont, jusqu'à ce jour, annoncées de deux manières : tantôt par voie de propagande, avec les armes pacifiques que leurs promoteurs avaient sous la main, — grèves, coalitions, meetings, presse, élections ; — tantôt, quand l'occasion a paru favorable, par une prise d'armes, ainsi que cela a eu lieu en 48 à Paris et dans plusieurs contrées de l'Europe, comme cela s'est renouvelé en mars avec des proportions formidables.

Ne pouvant remonter ici aux causes complexes et déjà éloignées qui ont amené cette grave situation, nous prendrons comme point de départ l'insurrection du 18 mars, en recherchant les conséquences qu'elle peut avoir sur les destinées de notre pays. On oublie si vite en France que l'on a presque à s'excuser de rappeler l'attention publique, déjà portée ailleurs, sur une catastrophe où a failli sombrer la société tout entière. Cependant, comme la déroute de la Commune n'a ni amené son anéantissement, ni détruit ses espérances, passer, en commençant ce travail, la revue des forces dont elle disposait pendant l'insurrection, ce n'est pas seulement se retourner en arrière, c'est avoir aussi les yeux fixés sur l'avenir.

I.

De quels éléments se composaient les forces insurrectionnelles de la Commune ?

Pour tous ceux qui, sans s'arrêter aux manifestes publiés par les insurgés en vue de justifier leur tentative d'effraction contre l'ordre social, ont été au fond des choses, la lumière a dû se faire sur les causes et sur le vrai caractère des événements dont Paris a été le théâtre. C'est un assaut livré à la société par le PROLÉTARIAT organisé sous les auspices de l'*Association internationale des travailleurs* (1) ; c'est LE COMMUNISME passant de la théorie à l'action, et conservant le pouvoir pendant deux mois, grâce à l'attitude des classes moyennes vaincues sans combattre, et comme résignées d'avance à subir le joug de leurs nouveaux maîtres.

Là est le nœud du terrible drame qui s'est passé sous nos yeux, là est aussi le péril ; car si la force, cette fois au service du droit, a vaincu la révolte dans la rue, elle n'a pu anéantir les idées fausses, les passions sauvages, les convoi-

____

(1) Le comité central disait lui-même dans son manifeste du 18 mars : « *Les prolétaires* de Paris ont compris que l'heure était arrivée pour eux de prendre la direction des affaires. » Aussi la Commune ne s'occupe-t-elle pas de réformes politiques, mais de lois sur la propriété, les échéances, les loyers, etc. Et comme application de ses principes, on voit le vol, le pillage, l'incendie, les confiscations pratiquées envers les propriétés de l'État et des particuliers.

tises insatiables qui lui ont donné naissance. Si le socialisme a perdu quelques milliers de ses défenseurs, il n'a renié aucun de ses principes, abandonné aucun de ses projets ; et comme l'a dit M. Bebel, son représentant au parlement de Berlin : « Il n'a fait à Paris que livrer un combat d'avant-garde, en attendant les grandes batailles qui lui assureront un jour la victoire en Europe. »

C'est, au reste, le langage tenu dans toutes les réunions de l'*Internationale* qui ont eu lieu depuis la fin de la lutte à Londres, à Bruxelles, à Genève, à Zurich, à Leipsick, etc. C'est celui des manifestes qu'on a pu lire sur les murs encore fumants de notre Capitale, et de l'*Adresse* publiée à Londres par le *conseil général de l'Association* : « Il ne peut y avoir, lit-on dans ce dernier document, ni paix ni trêve possible entre les ouvriers et ceux qui confisquent le produit de leurs travaux... la lutte se renouvellera sans cesse, toujours plus grande, et son résultat ne peut être douteux. » Dans la quatrième partie les hommes de la Commune et leurs agissements y sont traités d'*héroïques*. On y revendique jusqu'à la responsabilité de leurs crimes, et ces déclarations se sont renouvelées sur tous les points. Certes l'*Internationale* ne tiendrait pas un tel langage au lendemain de ses revers, si elle ne connaissait les sentiments de ses affiliés. — Gardons-nous donc de puiser dans le répit forcé que leur récente défaite impose aux ennemis de notre civilisation, dans cette paix qui n'est qu'à la surface, une sécurité d'où résulteraient de plus grands périls pour l'avenir, et profitons de cette trêve pour mieux apprécier leurs forces. Qu'on en soit convaincu, les actes odieux commis sous les auspices de l'*Internationale* n'ont détaché de sa cause qu'un certain nombre d'adhérents de la première heure, pris comme dans un engrenage, et qui n'avaient pas vu où on les menait. Quant aux nombreux affiliés qui ont combattu jusqu'au bout, ils n'éprouvent aujourd'hui qu'un sentiment, le regret de n'avoir pas réussi, et le désir de tirer vengeance des rigueurs légitimes encourues par les fauteurs de l'insurrection (1).

En assignant le premier rôle dans l'insurrection de Paris à l'association redoutable qui en a été l'âme, la puissance organisatrice, et qui lui a imprimé son caractère cosmopolite, on ne peut passer sous silence le concours énergique qu'elle a trouvé dans une fraction du parti républicain. Ceci demande une explication.

Il y a, au nombre des partisans de la République, des hommes qui pensent qu'il n'est pas de moyen plus certain de la fonder parmi nous, que d'attirer à elle par la modération de ses principes et la sagesse de ses actes ce grand parti libéral et conservateur auquel se rattachent, à peu d'exceptions près, les notabilités politiques de notre temps. — D'autres, au contraire, ont décidé qu'il fallait, pour se débarrasser à tout jamais de tentatives de restauration *monarchique*, revenir aux traditions de 93. Ainsi, pour ceux qui se laissent appeler les hommes *avancés* de leur parti, la France n'aurait rien de mieux à faire que de rétrograder de quatre-vingts ans dans son histoire ; de revenir au comité de salut public et au tribunal révolutionnaire avec tou'es ses conséquences (2). Or, comme une nouvelle révolution ne serait plus dirigée, comme elle le fut naguère, contre une caste mais contre tous ceux qui possèdent, à tous les degrés de l'échelle sociale, il n'en faut pas plus pour juger si les sinsi-

(1) A la fête de la *Colonne*, Miot disait : « Les têtes après les maisons ; les royalistes et les traîtres après la colonne. » Or, qui peut se flatter de n'être aux yeux d'un jacobin, ni royaliste ni traître ?

(2) En Allemagne, le *Volkstaat*, ne gourmandait-il pas récemment la Commune pour la *douceur* dont elle avait usé de prime-abord. « La pitié et l'humanité, disait-il, sont hors de saison vis-à-vis de bêtes humaines telles que les bourgeois français et belges. »

tres plagiaires de cette époque sanglante suivent la voie la plus propre à convertir à leurs idées la majorité du pays.

Mais je ne discute pas ici les doctrines, j'enregistre simplement les actes, et je montre comment le néo-jacobinisme croyant avoir trouvé dans la révolution préparée par l'*Internationale* une occasion de faire triompher ses principes, lui prêta son appui, bien que les dissensions élevées entre les belligérants témoignassent de la différence de leurs programmes (l'un politique, l'autre social), et qu'il fut possible de voir dès le principe que l'*Internationale* resterait seule maîtresse du champ de bataille (1).

Maintenant, pour avoir le bilan complet des forces militaires de la Commune, il faut à ces deux grands leviers de l'insurrection, la dictature communiste et le terrorisme jacobin, ajouter d'autres éléments qui bien qu'au second plan ne jouèrent pas moins un rôle considérable au point de vue des désastres et des crimes qui en signalèrent particulièrement la fin. En premier lieu un groupe compacte de gardes nationaux non affiliés, plus ou moins inconscients du rôle qu'ils allaient jouer, mais enrôlés sous le drapeau de la Commune, qui par contrainte ou par peur, qui par esprit d'opposition ou de défiance contre l'Assemblée, un plus grand nombre encore parce qu'ils préféraient au travail de l'atelier la vie de bohème à laquelle ils s'étaient habitués depuis sept mois, et la

______

(1) Cette alliance n'a pu surprendre ceux qui se rappellent le rôle qu'a joué dans notre première révolution cette secte trop célèbre, qui après avoir dominé tous les partis vint se perdre dans la conspiration communiste *des égaux* où étaient entrés la plupart des Jacobins survivants au 9 thermidor. Les théories fédéralistes de l'*Internationale* n'en sont pas moins en opposition radicale avec l'unité et l'indivisibilité de la République de 92.

paie régulière qui y était attachée (1). Puis figuraient comme appoints, dans les derniers rangs de cette armée du mal, la foule bigarrée des aventuriers cosmopolites, des habitués des grèves, des débiteurs insolvables, des fruits secs de toutes les carrières, des déclassés, dont le dégoût du travail est le sentiment dominant ; enfin cette horde de malfaiteurs, rebut de toutes les classes, au nombre desquels il fallait compter 25 mille repris de justice, suivant M. Trochu, lesquels ne voyaient dans une révolution qu'une entreprise générale de pillage (2). Voilà de quels éléments l'*Internationale* entendait faire sortir la régénération de la société ! On va voir plus loin que les principes au nom desquels elle préparait sa victoire étaient à la hauteur des hommes qui combattaient pour l'obtenir.

II.

Origine, ressources et moyens d'action de l'Internationale.

On ignore généralement de quelles ressources considérables dispose cette ligue anti-sociale, l'une des plus grandes forces de ce temps-ci ; l'accroissement rapide qu'a pris en

---

(1) Un ouvrier auquel M. X., ingénieur civil à Paris, témoignait quelque étonnement de cette préférence, lui répondait : « Vous ne savez pas comme c'est agréable cette vie-là ; nous ne désoulons pas. »

(2) Une jeune femme causant, en mai, sur le trottoir d'une petite ville avec quelques dames, se vit abordée par un individu à elle inconnu et qui lui dit sans autre préambule : « Éh ! bien, nous allons bientôt piller chez vous. » Ces idées de pillerie étaient très carressées en ce moment par la Jacquerie de nos villes, convaincue que le triomphe de la Commune ouvrirait bientôt une libre carrière à ses appétits. Elle ne se consola qu'en disant que « c'était pour une autre fois. » On lui entend encore professer tous les jours d'horribles menaces contre ceux-là même dont elle reçoit le plus de bienfaits.

quelques années son personnel par l'assimilation successive des différents corps de métiers ; enfin l'importance des forces militantes qu'elle peut mettre en mouvement à un signal donné. Il est donc nécessaire d'entrer dans quelques détails à cet égard.

Fondée à Londres en 1864, bien qu'elle existât de fait plusieurs années auparavant, et qu'elle eut son berceau en Allemagne, l'Association internationale s'étend aujourd'hui dans les Deux-Mondes où elle compterait, s'il faut en croire un rapport de la fédération lyonnaise, six millions d'affiliés, dont moitié en Europe. C'est donc une conspiration universelle, partant d'un point central et enveloppant tous les corps de métiers dans les mailles de son immense réseau (1).

Elle se compose à Paris de 28 sections, comptant cent mille adhérents. — La proportion est la même à Lyon, Marseille, Rouen, centres de fédérations, et dans tous nos grands centres industriels. — En Allemagne, l'Association comprend, comme en France, un million d'affiliés ; en Belgique, plusieurs centaines de mille. Même succès croissant en Suisse, où elle a plusieurs organes importants dans la presse; en Russie, où elle n'existe encore qu'à l'état de société se-

---

(1) Le socialisme européen entrait, dès 1830, dans les sociétés secrètes qui amenèrent une explosion générale en 1848 ; il livrait en juin sa première bataille à Paris. Les procès du temps (affaire des bombes incendiaires, etc.) montrent une identité complète de vues et de procédés entre les communistes d'alors et ceux d'aujourd'hui. Seulement le mal a pris depuis, grâce à leur infatigable propagande et à leur habile organisation, des proportions bien plus redoutables. Le communisme qui n'était, avant 48, que le rêve de quelques utopistes allemands et des disciples attardés de Babœuf, est devenu pratique depuis qu'il a pris pour levier l'envie des ouvriers contre les classes élevées, et le désir ardent de se mettre à leur place. Déjà, du reste, le Prussien Karl Marx, l'âme de l'association, annonçait le succès probable d'une *révolution ouvrière* dans un livre publié il y a quelques années.

crète ; en Italie, en Espagne, où elle vient de tenter une levée de boucliers (juin 1871) ; en Angleterre, où elle est en train de s'assimiler les huit cent mille adhérents aux *trades-unions* (ligue des métiers).

Au point de vue de son organisation, l'*Internationale* est composée : 1° de groupes élémentaires ou *sections*, collections d'unités égales entre elles, quelles que soient leurs professions, et qui sont le type ou l'équivalent de la Commune. A leur tète est un comité exécutif chargé des affaires de la section. 2° Plusieurs sections réunies forment, quand elles sont en nombre suffisant, une *fédération* qui sert de lien commun entre ces sections, et correspond directement, par l'intermédiaire du *conseil fédéral* qui est à sa tête, avec le conseil général de l'ordre. 3° Le *conseil général*, qui représente le pouvoir exécutif dans l'association, est chargé de la direction supérieure de ses intérêts. Il correspond avec les conseils fédéraux ou avec les sections ; composé de délégués élus par le *Congrès*, dont nous allons parler, il fait exécuter ses décisions, arrête le programme de la future session, publie, quand il y a lieu, des manifestes, et correspond avec les journaux créés pour faire de la propagande. — Londres a été jusqu'à présent le siége du conseil général ; mais il paraît qu'il s'en organise à Bruxelles et ailleurs ; 4° Le *Congrès*, sorte de parlement des classes ouvrières, est composé de délégués nommés dans toutes les branches de l'*Internationale*. Il s'attribue l'autorité législative et la juridiction souveraine de l'Association ; désigne la ville qui doit, l'année suivante, lui servir de siége ; nomme enfin les membres qui composent le conseil général dans l'intervalle d'une session à l'autre (1). Outre les journaux (2), revues,

____

(1) Quoique les choses doivent se passer ainsi, si l'on s'en tient à la lettre des *Statuts*, il n'en est pas de même dans la pratique, ainsi que le fait rès-bien observer M. A. Dunoyer dans ses excellentes lettres [sur l'*Internationale*. Il arrive ordinairement que les meneurs, après s'être dis-

circulaires, brochures et manifestes qu'elle publie, l'*Internationale* a créé un *Bulletin trimestriel* traduit en plusieurs langues, et destiné à porter à la connaissance des affiliés de tous pays ce qui est de nature à favoriser le succès et l'extension de l'œuvre. Quant à ses forces militantes, elles résident non-seulement dans le nombre, mais encore dans l'organisation, qui lui permet de disposer, à un moment donné et sur un simple mot d'ordre, de tous les membres valides qui la composent.

III.

Du but que se propose l'Internationale.

Quelle est donc, en dernière analyse, la fin, le but suprême que poursuit l'*Internationale* ? Ce but n'est rien moins que le renversement complet de la civilisation moderne qu'elle entend remplacer par une société nouvelle édifiée sur la base exclusive de l'association ou du *collectivisme*. C'est, en d'autres termes, le communisme se substituant à la société, telle que les facultés naturelles de l'homme et les siècles l'ont faite ; celle qui repose sur la famille, la propriété, la liberté individuelle, politique et religieuse. « Tout abattre, ne rien laisser debout pour reconstruire l'é-

tribué les positions (comme cela eut lieu dans le comité central à Paris), recrutent des affiliés qui, bien qu'égaux en apparence, subissent une véritable dictature : celle des hommes aux mains desquels vont aboutir les fils multipliés de cette vaste association d'asservis. C'est ainsi que les membres du conseil général à Londres s'y perpétuent indéfiniment, quoique devant être réélus tous les ans par le congrès.

(2) Le nombre de ces journaux est, en ce moment, de vingt et quelques, et il augmente tous les jours. La Belgique en compte 7, la Suisse, 4, la Hollande, 3, l'Allemagne, 2, l'Autriche, 2, la Russie, 1 (publié à Genève), l'Espagne, 1. Outre la *Réforme sociale*, qui paraît à Rouen, une partie des journaux précédents circule en France.

difice social d'après des principes entièrement opposés au monde actuel, » tel est le texte même des résolutions votées dans un de ses congrès ; résolutions entièrement conformes à celles qui ont été prises ailleurs. — Si dans la première phase de son existence, les plans de l'*Internationale* ne comportaient pas une négation aussi audacieuse de tous les principes sociaux (ce qui n'est rien moins que prouvé nonobstant les protestations de *quelques* affiliés assez honteux du rôle qu'elle vient de jouer), il n'en est plus de même aujourd'hui. — Les procès-verbaux des congrès, les manifestes lancés par le conseil général, par les sections, toutes les publications, en un mot, émanées de la même source, ont aujourd'hui un caractère absolument identique. Et, de fait, il n'en pouvait être autrement d'une association qui n'a pas de patrie, mais qui, unie par une étroite communauté de ressentiments, d'illusions et de convoitises, n'a qu'un seul et même objectif : exproprier en tous pays la société fondée sur le travail accumulé des générations (1).

Si dans les premiers manifestes de la Commune, les grands mots de réforme, de justice pour tous, si les déclarations vagues et emphatiques de *droits de Paris, d'autonomie, de fédération* y remplaçaient les programmes franchement communistes, c'est qu'il fallait, dit très bien M. Dunoyer,

---

(1) La destruction de Paris était elle-même préméditée depuis longtemps, comme on le voit par une lettre de Cluseret à Varlin (depuis membre de la Commune), et où le fameux général disait : « Paris sera à nous, ou n'existera plus. » (New-York, février 1870). — Quant aux ouvriers qui cherchaient dans les sociétés *coopératives, de consommation, de crédit,* etc., une solution aux problèmes actuels, c'étaient, aux yeux de leurs frères, des *immobilistes* qu'on traitait avec le plus grand dédain. Aujourd'hui pour Karl Marx, l'un des principaux membres de l'Association, « Gambetta n'est qu'un *imbécile* (sic), qui a désorganisé la France, comme s'il eut été payé pour cela. » (lettre du 7 avril 1871.) Il ajoute : « Un jour viendra où l'incendie populaire allumé sur cent points à la fois détruira jusqu'au souvenir du passé. »

laisser provisoirement à la société nouvelle que l'on voulait fonder, pendant sa période d'évolution, les apparences de l'ordre établi qu'on ne pouvait supprimer à coups de décrets, sans trouver de nombreuses résistances. Bien des gens, en effet, parmi ceux-là mêmes qui lui prêtaient pendant l'insurrection un concours inconscient, eussent trouvé matière à de sérieuses réflexions dans les réformes annoncées par ces nouveaux rédempteurs de l'humanité, et dont l'espèce de charte communiste formulée en juillet 1869 par le conseil général siégeant à Londres, nous fait connaître nettement les vues. En voici, pour l'édification de ceux qui n'en auraient pas encore connaissance, les passages les plus saillants empruntés à la feuille officielle du 25 mars de la même année, et tels qu'on les lit dans le programme publié par la section internationale de l'*Alliance*, à Genève :

1. « L'Association SE DÉCLARE ATHÉE. Elle veut l'abolition des cultes, la substitution de la justice humaine à la justice divine ; — l'ABOLITION DU MARIAGE, en tant qu'institution politique, religieuse et civile. »

2. « Elle veut, avant tout, l'égalisation politique, économique et sociale des individus des deux sexes ; et, pour arriver à ce but, elle demande l'abolition du DROIT D'HÉRITAGE..... la *terre*, comme les *instruments*, comme tout *autre capital* devenant la PROPRIÉTÉ COLLECTIVE de la société entière, constituée en association agricole et industrielle. »

3. « Elle repousse toute action politique qui n'aurait point pour but immédiat et direct le triomphe de la cause des travailleurs contre le capital. »

4. « La question sociale ne pouvant trouver sa solution que sur la base de la solidarité universelle des travailleurs de tous les pays, elle repousse toute politique fondée sur le SOI-DISANT PATRIOTISME, et la rivalité des nationalités. »

On croirait que l'imagination en délire de quelques sectaires a pu seule enfanter ce monstrueux programme, il n'en est pourtant rien ; ce sont bien là les doctrines de l'Association tout entière. Ces doctrines ont été, elles sont encore professées devant des milliers d'adhérents ; elles ont été et elles sont imprimées tous les jours, à plusieurs centaines de mille exemplaires, dans les journaux et autres publications répandues en Europe, et qui ont toujours et partout pour base fondamentale l'ABOLITION DE LA FAMILLE, DE LA PROPRIÉTÉ, DE LA LIBERTÉ DE CONSCIENCE, DE LA LIBERTÉ INDIVIDUELLE, — car il n'y a pas de liberté individuelle là où le droit de propriété n'existe pas ; — en un mot la suppression de la personnalité humaine (1), et son absorption dans l'état.

Eh bien, qu'en dites-vous, époux, enfants et pères ? Qu'en dites-vous, honnêtes campagnards si attachés à votre champ, et auxquels on allait disant : « Qu'il y avait du bon dans la commune, et qu'elle travaillait pour le bien. » Et vous, modestes bourgeois, ouvriers intelligents et laborieux qui avez travaillé toute votre vie pour assurer le repos de vos vieux jours, élever votre famille et la mettre à l'abri du besoin ? Qu'en dites-vous, vaillants défenseurs du pays, qui versiez si follement votre sang pour cette chimère, la patrie ! braves gens de toute condition, industriels ou commerçants, propriétaires ou rentiers, vous tous qui aviez aux yeux des communistes le tort impardonnable de vivre des produits d'un capital intellectuel ou matériel ? Et vous, lettrés, savants, artistes ou artisans habiles, qui conçûtes la noble ambition de vous élever par vos talents au-dessus de la foule

---

(1) En déclarant, dit le bulletin de l'*Internationale russe,* l'ordre social actuel comme une exploitation tyrannique des masses par une bande organisée de fripons et de parasites, nous regardons par là comme nuls les droits et les lois de la société actuelle, et déclarons par la même raison : *Que les crimes et maximes morales actuelles ne sont pas des crimes et maximes morales à nos yeux.* (Traduit en français à Londres.) Déjà des Jacobins professaient en 93 « qu'il n'y a pas de crimes en révolution. »

des impuissants et des paresseux, que pensez-vous d'un régime social qui pose en principe la répression tyrannique du génie, du talent, de la force individuelle et du travail libre, comme opposés à l'égalité absolue ? — Comme si les supériorités morales ou intellectuelles n'étaient fondées que sur l'abaissement des autres ! comme si l'on peut confondre les inégalités résultant des priviléges conférés à une caste, et que la révolution de 89 eut pour mission de détruire, avec celles qui proviennent de la différence d'aptitude, d'activité, de lumières et de moralité qu'on observe entre les hommes ! — Non ! nous ne pouvons admettre qu'en dehors de cette secte criminelle, on ait pu adhérer au monstrueux programme où elle a accumulé tant d'insanités et de blasphèmes. S'il s'est trouvé parmi les républicains ardents des partisans de la Commune, c'est qu'ils ignoraient, nous voulons le croire, de quelles odieuses doctrines ils se rendaient complices, au moins moralement. Quel est celui d'entre eux qui n'entendit rester un être libre et autonome, et ne fut prêt à défendre sa famille, son foyer, son épargne, contre une organisation sociale qui réduit l'homme à n'être plus qu'un rouage dans l'état-collectivité ? (1)

(1) Uu des apôtres les plus ardents de la démocratie, LAMENNAIS jugeait ainsi les systèmes socialistes qui ont pour base *l'universalisation de la propriété* passant des mains de l'individu dans celles de l'Etat. « La réalisation d'un tel système réduisant l'homme à n'être qu'une pure machine, un simple outil, l'abaisserait au-dessous du nègre dont le planteur dispose à son gré. Je ne crois pas que jamais idées plus désastreusement fausses, plus extravagantes, soient entrées dans l'espèce humaine (mars 1847). Et ailleurs : « Plus de famille, plus de paternité, plus de mariage dès lors. Un mâle, une femelle, des petits dont l'Etat fait ce qu'il veut. » (*Du passé et de l'avenir du peuple.*) En un mot l'abrutissement dans la promiscuité, et comme l'a dit PROUDHON lui-même : « L'ÉGALITÉ DANS LA MISÈRE. » — On sait que Mazzini n'a pas porté un jugement moins sévère sur *l'Internationale* et le communisme.

IV.

Eléments conservateurs que la société peut opposer aux éléments anarchiques. — Classes bourgeoises.

Quand on étudie les moyens sur lesquels la société peut compter pour contenir les convoitises d'ennemis avec lesquels il n'y a pas, de leur propre aveu, de transaction possible ; lorsqu'on se demande où est le contre-poids de la puissance que le suffrage universel, à défaut de canons, leur met entre les mains, on ne peut se défendre, au premier abord, d'un profond sentiment d'inquiétude. Ils sont unis, — au moins pour détruire, — et nous sommes divisés. — Le temps que nous consacrons à des discussions politiques d'une importance secondaire, ils l'emploient, eux, à préparer le succès de la guerre sociale. Si nous avons pour nous le droit et les intérêts généraux de la civilisation, ils se vantent, eux, d'avoir le nombre ; ils ont du moins l'organisation qui en centuple la puissance. « Que dans chaque commune, lit-on dans une de leurs publications, s'établisse une section de l'*Internationale*, et la vieille société s'écroulera d'un souffle. » Peut-être cela ne serait-il pas aussi facile qu'ils le pensent ; mais enfin leur triomphe ne fut-il qu'éphémère, et finit-il par se briser contre la nature même des choses à laquelle ils prétendent faire violence, on se demande comment la société pourrait s'y prendre pour remonter le gouffre sans fond dans lequel ils s'efforcent de l'entraîner.

Voyons d'abord quels sont, dans la société actuelle, les éléments conservateurs qui peuvent lutter avec succès contre les tentatives du prolétariat communiste au nom duquel s'est affirmée la révolution du 18 mars.

Il est premièrement une chose dont il faudrait être bien convaincu : c'est que les ouvriers sont plus profondément démoralisés, au moins dans les grands centres industriels, et beaucoup plus prêts qu'on ne le suppose, pour un bouleversement social. Je n'en voudrais d'autre preuve que la tranquillité de conscience avec laquelle ils pillaient, incendiaient, tuaient sur les ordres du premier venu se disant agent de la Commune. En dehors même de l'*Internationale*, les catastrophes dont la civilisation est menacée trouveraient de fanatiques instruments partout où se montrent, comme en France, le mépris des lois et de l'autorité, le relâchement des liens de la famille et de la morale, la haine farouche dont sont animés les prolétaires contre tous ceux qui possèdent. Ce dernier sentiment est celui qui domine aujourd'hui tous les autres. Que l'on interroge, comme nous l'avons fait nous-même, les ouvriers honnêtes et intelligents sur la vraie signification des élections urbaines, et l'on se convaincra qu'elles ont pour principal mobile « la haine de ceux qui s'appellent les pauvres contre ceux qu'ils appellent les riches. » Quant aux questions politiques, assez indifférentes en soi pour nos prolétaires, s'ils acclament la République, c'est la République entendue à leur manière, c'est-à-dire un gouvernement « où chacun peut faire ce qu'il veut. » (C'est la définition qu'on leur entend tous les jours en donner), et où tous étant égaux, il n'y a pas de raison pour obéir à qui ou à quoi que ce soit, car l'obéissance est une servitude. Or, l'*Internationale*, en s'emparant de ces dispositions hostiles à tout ordre social, et en leur offrant un drapeau pour marcher au scrutin ou au combat avec l'ensemble que lui permet sa forte centralisation, en a centuplé le péril. — A ce péril quel est le remède ?

Le pays renferme deux grands éléments conservateurs qui sauront toujours, quand ils le voudront, tenir en respect les ennemis de la société ; ce sont les classes bourgeoises et les classes agricoles, — la tête et le bras de la France. Mais cette mission conservatrice qui est de leur essence, elles ne peuvent l'accomplir qu'à de certaines conditions dont il est nécessaire, avant d'aller plus loin, de poser les termes.

La plume tombe des mains, et l'on est porté à désespérer du salut de la civilisation, lorsqu'après les lugubres événements dont Paris a été le théâtre, on trouvera encore des sympathies pour la Commune, je ne dirai pas seulement parmi les prolétaires et dans une notable partie des classes ouvrières, mais dans certaines couches de la bourgeoisie, parmi des gens établis, pour me servir de l'expression vulgaire, c'est-à-dire jouissant d'un certain bien-être dû à leur travail ou à la prévoyance de leurs pères, ayant pignon sur rue, possédant une industrie, un commerce plus ou moins florissants, enfin un degré d'instruction qui aurait dû tout au moins les mettre à l'abri des grossiers sophismes avec lesquels on grise les faibles... Oui, l'histoire aura peine à croire que des hommes jouissant parfois d'une certaine réputation d'honnêteté, et auxquels on n'aurait peut-être pas, à d'autres titres, marchandé son estime, aient voulu justifier cette criminelle dictature qu'on a appelé le gouvernement de la Commune, et qui, spéculant sur les malheurs de la France et la présence de l'étranger sur son sol, n'a pu aboutir qu'à faire triompher le despotisme dans l'anarchie. On se rendrait difficilement compte d'un phénomène aussi anormal, si l'on ne décomposait les éléments divers qui constituent les classes moyennes, ou la bourgeoisie à ses divers échelons.

Il y a d'abord, en ce qui concerne l'esprit politique de ces classes, deux courants très-opposés, l'un monarchique, l'autre républicain ; le premier dominant sur quelques points du territoire, le second, ralliant, croyons-nous, un nombre beaucoup plus considérable d'adhérents, si l'on y rattache surtout les monarchistes d'hier, qui, prenant conseil de la situation de la France et de celle des partis, croient, nonobstant d'anciennes convictions, à la nécessité de tenter un essai sérieux de République constitutionnelle. — Mais entre ceux des républicains qui, faisant de leur religion politique un article de foi, érigent la République à la hauteur d'un dogme, et ceux qui pour être complètement convaincus attendent que l'expérience soit faite, l'accord est difficile en théorie, il l'est encore plus en pratique. C'est, en effet, quand il s'agit de savoir à quelles mains on confiera la tâche délicate de fonder les institutions nouvelles que la méfiance éclate dans les deux camps, chacun croyant avoir d'excellentes raisons pour s'attribuer cette mission à l'exclusion de l'autre.

Voilà une première cause de division dans les classes moyennes, mais ce n'est pas la seule. Sous cette opposition de vues politiques se cache un antagonisme moins récent et plus radical, c'est celui qui a ses racines dans des rivalités d'influence et de position sociale.

Contrairement à ce qui se passait avant 89, l'accès de la bourgeoisie est ouvert aujourd'hui à tous les travailleurs intelligents et laborieux qui ont l'ambition de s'élever au-dessus de la condition de leurs pères. Entre celui qui vit du travail de ses bras et le riche propriétaire, il n'y a pas une différence de classe, il n'y a, comme le fait observer M. le professeur Franck, qu'une différence de situation (1). La preuve, c'est qu'on voit tous les jours des ouvriers habiles acquérir de la fortune et faire souche de bourgeois. Toutefois au-dessus de ces parvenus du tiers-état, fils de leurs œuvres, s'est formé ce que l'on pourrait appeler, dirai-je, l'aristocratie bourgeoise, remplissant, en grande partie, les carrières libérales et les fonctions publiques auxquelles la

(1) Il n'y a plus à proprement parler de *classes* en France, et si j'emploie ce terme, c'est qu'il est consacré par l'usage, et désigne plus clairement que d'autres des groupes ou des collections d'individus en communauté d'intérêts, de profession, etc.

désignaient plus particulièrement une éducation plus complète, une culture intellectuelle plus étendue. — Or, entre cette catégorie de bourgeois qui ne rappellent en rien, — est-il nécessaire de le dire ? — les castes fermées d'autrefois, — et les bourgeois de plus fraîche date ou de plus modeste figure, qui ne trouvent pas qu'on leur ait fait une place assez large dans les fonctions électives ou autres, il existe des causes de rivalité faciles à comprendre. Mais de la rivalité à l'envie, de l'envie à l'hostilité et à la discorde, il n'y a pas loin, surtout quand les passions politiques se mettent de la partie. Les élections ne l'ont que trop prouvé dans nombre de localités. — Là est un des grands périls de la situation. — La société française peut, à l'heure qu'il est, s'appuyer, disions-nous, sur deux éléments conservateurs d'une grande puissance : les classes moyennes et les classes agricoles. Qu'elles restent unies, et nous pouvons défier les assauts du prolétariat ; qu'elles se divisent, et la brèche ouverte par nos funestes discordes aura bientôt livré passage à l'ennemi. — Gardons-nous donc pour satisfaire à de mesquines rancunes de déserter la cause commune et de tirer sur nos troupes, en servant de prête-nom aux partisans d'un communisme plus ou moins déguisé. Ne méconnaissons pas surtout la nécessité de classes dirigeantes dans une organisation aussi compliquée que la nôtre.

Quant à la fraction de la bourgeoisie qui se serait montrée sympathique à la Commune, non certes par goût pour le communisme, mais parce qu'elle trouvait dans l'insurrection des républicains éprouvés, qu'elle se persuade bien que la forme gouvernementale et les questions de politique qui nous divisent sont le moindre souci du socialisme autoritaire. A ses yeux, les Rouher et les Gambetta pèsent du même poids dans la balance. Le secrétaire général de l'*Internationale* pour la France, E. Dupont, n'écrivait-il pas, en septembre 1870 : « La piteuse fin du Soulouque impérial a amené au pouvoir les Favre et les Gambetta, *rien n'est donc changé* ; la puissance est toujours à la bourgeoisie. Dans ces circonstances, le devoir des ouvriers est de laisser cette vermine bourgeoise faire la paix avec les Prussiens (1), et de profiter de toutes les libertés que les circonstances vont apporter pour organiser les classes ouvrières. » Ainsi, dans le manifeste que vient de publier à Londres le conseil général de l'Association sous le titre de : *La guerre civile* (son objectif actuel), on se défend de faire du gouvernement à bon marché et de la vraie République « CES ACCESSOIRES DE LA COMMUNE », le but final des efforts du socialisme. « Depuis la chancellerie, dit le *Bulletin international russe*, jusqu'aux derniers libéraux et radicaux, jusqu'aux doctrinaires socialistes par conviction et parasites par position, tous *sont nos ennemis les plus acharnés.* »

Maintenant qui doit faire les frais, ou, si l'on veut, les premières avances d'une entente commune entre les diverses fractions de la bourgeoisie, si nécessaire aujourd'hui au salut social ? Ce sont, à notre avis, les plus favorisés, c'est-à-dire ceux que la force des choses, leurs lumières, leur position de fortune et leur crédit ont mis jusqu'ici à la tête des affaires.

Comme base de cette entente sur le terrain des principes sociaux, les classes dirigeantes ont deux conditions à remplir. La première, c'est de faire le sacrifice des idées de monopole ou de suprématie exclusive qu'elles pourraient encore conserver vis-à-vis de concitoyens placés à un degré moins élevé de la hiérarchie sociale. Il leur faut faire, en un mot, de l'égalité pratique en appelant les honnêtes gens

---

(1) C'eut été plus facile encore aux insurgés dont on connaît, en partie, les attaches avec la Prusse, représentée à la Commune par Frankel. Nombre d'acteurs du 31 octobre et du 22 janvier étaient déjà poursuivis comme *agents prussiens.*

de toute condition à concourir avec elles, chacun dans la mesure de ses lumières, à la gestion des intérêts économiques, politiques et communaux. La seconde condition, c'est de faire à la paix publique le sacrifice de préférences dynastiques qui seraient en désaccord avec les tendances républicaines de la plupart des majorités urbaines. Indépendamment du discrédit jeté sur la monarchie par le dernier règne, et en dehors des motifs qui peuvent la faire préférer pour elle-même, la République donne une satisfaction plus complète que toute autre forme de gouvernement à ce besoin d'égalité qui est la tendance la plus impérieuse (dirai-je la maladie de notre temps), et à laquelle personne n'échappe, depuis l'ouvrier qui rêve le nivellement de toutes les conditions, jusqu'au plus modeste bourgeois auquel toute supériorité sociale est antipathique. Serait-on convaincu en principe de l'excellence d'une monarchie constitutionnelle, telle qu'on la pratique en certains pays (où elle n'est, en réalité, qu'une République avec un pouvoir héréditaire au sommet), qu'il n'en faudrait pas moins reconnaître que dans la situation actuelle des esprits en France, et dans les circonstances où les événements l'ont placée, la République est la seule forme de gouvernement qui puisse rallier les hommes d'ordre de tous les partis, et laisser le moins de chances possibles aux projets des démolisseurs. Combattre une République modérée serait, d'une part, fournir à nos ennemis le moyen de se déguiser en défenseurs d'institutions dont, nous l'avons prouvé, ils n'ont aucun souci (1). Ce serait, d'autre part, rejeter dans le jacobinisme ou dans le socialisme les républicains qui préféreraient un état de choses quel qu'il fût à l'éventualité d'une restauration monarchique. Ainsi, c'est en affichant tous les jours sur les murs de Paris que l'armée de Versailles ramenait un roi et déployait le

____

(1) On sait que la *République universelle* est aujourd'hui leur mot de ralliement.

drapeau blanc, que la Commune rattacha à la cause dont elle avait pris le masque nombre de républicains plus crédules encore que violents.

Mais si les hommes placés jusqu'ici à la tête des classes moyennes ont ces devoirs de conciliation à remplir, il en est aussi qui incombent aux autres fractions de la bourgeoisie. Écarter de parti pris, et sous des prétextes injurieux pour la loyauté d'un adversaire, tout ce qui fait ombrage, serait plus qu'une faute, ce serait un crime envers la patrie à une époque où elle a besoin de toutes ses forces pour résister à la marée montante de l'invasion communiste. Il faut, en outre, que dans toutes les conditions sociales, les républicains désireux de rattacher à leur cause les éléments d'ordre et de stabilité, répudient ouvertement, non-seulement les coupables errements de la Commune, mais encore les odieuses traditions de la Terreur, et les principes qui y mèneraient par une pente fatale.

V.

Éléments conservateurs (Suite). — Les Classes agricoles.

Je viens de dire à quelles conditions les classes bourgeoises peuvent travailler avec succès au sauvetage de la société menacée par ses divisions du plus terrible des naufrages ; voyons maintenant quel est, dans cette grave conjoncture, le rôle dévolu aux classes agricoles.

Les habitants des campagnes constituent les deux tiers de notre population totale (1). Les prétentions que les ouvriers

---

(1) 20 millions en nombre rond, sans les professions intéressant l'agriculture. Les professions libérales comprennent près de 2 millions ; les individus vivant de leurs revenus un chiffre égal ; 1 million et demi appartient au commerce ; 1 million aux individus sans profession, ou exerçant des professions inconnues. Restent donc 10 à 11 millions pour l'industrie (patrons, chefs d'atelier, contre-maîtres, employés et ouvriers. Statistique générale pour 1866).

socialistes tirent, avec tant d'arrogance, de leur supériorité numérique ne sont donc pas fondées. On sait, d'ailleurs, que les prolétaires sont peu nombreux au village, la plupart des paysans étant possesseurs d'une maisonnette, d'un champ, d'un pré, dont leur principale ambition est de reculer les limites, en les fécondant de leurs sueurs. Aussi, sont-ils par tradition et par instinct ennemis nés des révolutions, comme de tout changement politique qui leur offre peu de chances de durée. Si les partis extrêmes, et la commune elle-même ont pu y recruter quelques adhérents, c'est par suite de l'irritation que leur ont causée les désastres amenés par l'Empire ; irritation que les anarchistes ont exploitée en faveur de leur propagande. Il ne faudrait donc pas trop s'endormir dans cette confiance, et oublier que les ouvriers ruraux unis aux propriétaires de petites parcelles de territoire pourraient bien, si le gouvernement négligeait leurs intérêts, fournir des éléments au recrutement socialiste. Mais enfin, les tendances conservatrices n'en constituent pas moins le fond de l'esprit politique des campagnes, et ce fait a une immense portée. D'abord au point de vue des élections, parce qu'il assure la majorité au parti de l'ordre ; ensuite au point de vue de l'armée, où cet esprit éminemment favorable à la discipline fait contre-poids aux instincts d'insubordination qui caractérisent les hommes sortis de l'atelier.

Il résulte de ce qui précède que toute modification à la loi électorale qui tendrait à déplacer le centre d'action du suffrage universel au profit des prolétaires urbains, pourrait ramener les catastrophes auxquelles la France vient d'échapper par le dévouement de ses soldats. — On peut-être animé des meilleures intentions lorsqu'on argue de la prééminence intellectuelle des villes sur les campagnes pour réclamer en faveur des premières un mode de votation qui assure le triomphe de leurs candidats, mais on oublie que

les ouvriers constituant·la grande majorité des électeurs urbains, ce n'est pas le candidat des classes éclairées, mais
celui des classes ouvrières qui triomphera toutes les fois que
ces dernières se concerteront dans ce but. Et puis, après
tout, si nos populations rurales sont dépourvues d'idées gé-
nérales, — ce qui vaut mieux que de n'en avoir que de
fausses, — il est permis en matière de bon sens politique et
de garanties morales, de leur donner la préférence sur des
ouvriers imbus des doctrines socialistes. Il est tel genre d'i-
gnorance bien préférable à un demi-savoir orgueilleux qui
n'est guère qu'une ignorance au second degré, — Ne sait-on
pas enfin à quels éléments impurs les grandes cités servent
aujourd'hui de refuge (1)?

Les républicains ont un grief contre les habitants des cam·
pagnes ; ils les regardent comme hostiles à la République.
Cette opinion n'est pas complètement fondée. Ce que nos
paysans redoutent, avant tout, ce sont les révolutions. Pour
en faire des républicains, il suffirait de leur prouver que la
République peut durer ; qu'elle n'est pas incompatible avec
le maintien de l'ordre ; qu'elle peut enfin ramener le travail
et la sécurité sans décréter la révolution à perpétuité, et
l'échafaud en permanence. Seulement, comme nos populations rurales manquent, par suite de leur éparpillement géo-
graphique, de la cohésion politique qu'on trouve dans les
agglomérations urbaines, elles ont besoin de recevoir une
impulsion à laquelle elles se montrent rarement rebelles
quand elle est dans le sens des idées conservatrices.

En résumé, il ne suffit pas pour le salut social que les dif-
férentes fractions des classes moyennes fassent trève à leurs

(1) Ce département de la Seine si fier de sa supériorité intellectuelle,
ne vient que le 13ᵉ en France pour le degré de l'instruction. En 1865,
on y trouvait encore 7,04 pour cent d'individus ne sachant ni lire ni
écrire.

dissensions, il faut encore qu'elles s'entendent et agissent de concert avec les classes agricoles, sur le terrain des principes sociaux. Il faut, sous peine de voir la société sombrer corps et biens dans l'anarchie communiste, il faut que, renonçant à de méprisantes préventions contre les populations des campagnes, nous fassions cesser à tout prix, un antagonisme qui ne peut profiter qu'aux ennemis de la France. Libres de tout engagement de parti, n'épousant les intérêts d'aucun prétendant, ces populations fourniront, quand on le voudra, la preuve que l'on peut, avec leur appui, fonder un gouvernement de moralité politique et de solidarité véritable.

VI.

La défense sociale. — Moyens répressifs. — Moyens préventifs.

L'accord une fois établi entre les éléments sociaux dont les intérêts de conservation sont identiques, il resterait à étudier les moyens qu'ils possèdent de paralyser la propagande communiste. Mais d'abord que faut-il espérer des tentatives de conciliation que l'on pourrait faire auprès des implacables ennemis de la société ? De quelles réformes, de quelles institutions attendre une réconciliation avec une secte qui veut que cette société disparaisse, et qui considère comme des palliatifs chimériques les réformes proposées par les économistes et les philanthropes ? — Toutefois ces doctrines qui sont bien réellement celles des meneurs à la remorque desquels marche le niais et docile troupeau des affiliés, ces doctrines ne fléchiraient-elles pas chez un certain nombre de ces derniers devant des réformes opportunes ? Celles-ci n'auraient-elles pas tout au moins pour effet de rendre plus difficile le recrutement de l'Association ? Si c'est une illusion, c'est, du moins, de celles que l'on ne voudrait perdre qu'à la dernière extrémité. — En recherchant par quelles sortes d'améliorations on pourrait amener une entente entre patrons et ouvriers, il m'a semblé qu'il y avait lieu d'appeler les méditations des intéressés sur les points suivants :

1° Elévation du taux des salaires dans les industries où ils n'auraient pas encore atteint une valeur proportionnelle au renchérissement des denrées, etc. ;

2° Large extension des sociétés *coopératives*, de *crédit* et de *consommation* ;

3° Part éventuelle et facultative dans les bénéfices réalisés ;

4° La propriété rendue de plus en plus accessible, et le prolétariat devenant un fait sinon exceptionnel, du moins de plus en plus rare, par la création de maisons ouvrières, à l'instar de ce qui s'est fait à Mulhouse et ailleurs.

En somme, et quoi que l'on pense de ces mesures dont le développement exigerait plus de place que je n'en ai ici, toute réforme économique et morale devra, pour atteindre son but, mettre les travailleurs à l'abri de la misère qui provient : du chômage, de la maladie, de la vieillesse, des familles nombreuses ; enfin de l'ignorance et de la corruption des mœurs, cette plaie toujours béante des populations industrielles, dans les grandes villes principalement. — Que si nous trouvons parmi les utopies imaginées par nos adversaires le germe de quelques transformations économiques qui n'aillent point à l'encontre des principes fondamentaux de l'ordre social, ne les repoussons pas par prévention systématique, et tâchons surtout de démontrer à nos chefs d'industrie l'obligation de faire la part du feu dans les circonstances critiques où se trouve la société.

Mais des réformes dont l'efficacité ne se ferait sentir qu'à une époque plus ou moins éloignée, comme celles qui ont trait aux mœurs, à l'éducation, etc..., ne répondraient pas complétement aux nécessités de la situation actuelle. Ainsi, par exemple, il y aurait lieu de rechercher immédiatement si l'existence d'une association qui se pose au sein de la société légale comme une société distincte, antagoniste, reposant sur des principes incompatibles avec toute civilisation, et annonçant hautement la résolution d'en amener l'écroulement, ou de s'ensevelir sous ses ruines, si, dis-je, cette ligue anti-nationale pourra continuer, sous l'égide de nos libertés, ses appels aux masses égarées. Ne faut-il pas que la société, mise dans le cas de légitime défense, s'arme contre cette forme nouvelle de vandalisme d'une force d'élimination équivalente à la puissance d'assimilation de ses ennemis ? L'armée restera-t-elle désormais notre seule barrière contre ces barbares ? Chacun de nous, dans une guerre qui nous menace tous, n'a-t-il pas aussi son poste de combat, et des devoirs à remplir ?

Beaucoup de bons esprits mettent peu de confiance dans les mesures répressives que réclame la conservation sociale (1). Ils pensent que l'œuvre de propagande souterraine accomplie par les sociétés secrètes, est d'autant plus à craindre qu'on ne peut en mesurer la portée. — A cela nous répondrons, avec un des historiens de l'*Internationale* : « Que l'histoire est là pour démontrer l'inanité des résultats obtenus par les sociétés secrètes. » — que jamais une association de ce genre n'eut recruté en si peu de temps cent mille affiliés à Paris, et fait marcher une armée de plus de deux cent mille combattants. — C'est parce qu'ils étaient parfaitement convaincus de cette opinion, et pour ne pas éveiller les défiances des gouvernements, que les organisateurs de

---

(1) M. Vieillard, qui est de ce nombre, leur préférerait, par exemple, la coalition des patrons contre les grévistes. Voir son excellente histoire de l'*Internationale*, 1 vol. in-18.

l'*Internationale* conçurent, à l'inverse de la *Charbonnerie*, l'idée d'agir en plein jour, et en donnant à leurs actes une telle publicité, que nul gouvernement ne peut leur attribuer la pensée de renverser les institutions établies. Etudié dans les livres ou propagé dans l'ombre, le socialisme n'agit que sur des individus et dans des limites restreintes. Prêché à ciel ouvert, il soulève les masses, et, à l'occasion, les fait descendre dans la rue. Lorsqu'il a été loisible à nos plus fougueux démagogues de faire entendre leurs voix (1868-1869) au sein même de Paris, dans cette grande officine des révolutions, où se joue en un jour d'émeute le sort de la France, la chose (on semble l'oublier), a acquis une gravité tout autre. Leurs appels se sont répandus comme une traînée de poudre, et dans chacun de leurs auditeurs ils ont pu compter un soldat. Mais quoi ! tout cela n'est-il pas écrit dans l'histoire des clubs et de la presse politique en France depuis 80 ans ? Malheur à nous si nous ne savons pas y lire !

Si nous détachons un instant les yeux du présent pour les porter vers l'avenir, combien plus difficile encore apparaît la solution des problèmes à résoudre ! Il ne s'agit rien moins, en effet, que de la régénération morale du pays !... trop pénétré de mon insuffisance pour trancher ces hautes questions, je me bornerai à formuler des vœux sur quelques points qui m'ont paru plus particulièrement dignes d'appeler l'attention des politiques et des législateurs.

Bien que les mœurs soient plutôt un résultat de l'éducation de la famille que d'un enseignement pédagogique, ce foyer domestique où l'on devrait pouvoir toujours puiser les habitudes de la vie morale, offre si rarement de nos jours, dans les classes ouvrières surtout, les bons exemples qu'il faudrait y puiser, qu'il y a obligation absolue d'y suppléer de quelque autre manière. C'est ici, surtout, qu'apparaît la nécessité d'organiser sur les plus larges bases l'enseignement de *la morale* où *des devoirs* imposés à l'homme par la loi naturelle. On sait que cet enseignement n'existe pas plus dans nos établissements d'instruction secondaire, où une part insignifiante lui est à peine accordée dans la classe de philosophie, que dans nos écoles primaires où l'on n'en connaît pas même le nom. N'est-il pas évident qu'il y a là une bien grave lacune à combler ? Comment ne surexciterait-on pas le tempérament révolutionnaire d'un peuple auquel orateurs, journalistes, sectaires parlent tous les jours de ses droits, sans que ses instituteurs naturels l'entretiennent jamais de ses devoirs ? Où apprend-on à pratiquer ces vertus domestiques et civiles qui peuvent seules nous rendre dignes de la liberté ? Où apprend-on le RESPECT DE LA LOI, ce dogme vital des sociétés qu'il faudrait inscrire sur tous nos monuments, en tête de nos actes publics, au-dessous des mots *liberté, égalité, fraternité* ?

VII.

La défense sociale. — (Suite.)

Resterait enfin comme complément de cette éducation morale, cette clé de voûte de l'édifice social, ce pain moral des populations, les notions fondamentales de *l'économie politique* qu'il serait indispensable de répandre dans toutes les couches de la population, depuis l'enseignement le plus élevé jusqu'au degré supérieur de l'instruction primaire (1). — On a remarqué, à Paris comme ailleurs, la profonde ignorance où les ouvriers, même les plus intelligents, vivent sous ce rapport. Ainsi c'est une croyance presque générale parmi eux que la propriété, l'hérédité, le capital sont de pures conventions imaginées au profit de ceux qui possèdent contre

(1) Comme cela vient d'être résolu en Angleterre, et se pratique depuis longtemps en Amérique.

ceux qui ne possèdent pas. Serait-il donc difficile de leur démontrer qu'il n'y a là qu'un résultat naturel des lois constitutives de toute société humaine, et qu'en dehors il n'existe que l'état sauvage ? Ne pourrait-on leur prouver qu'en réclamant pour tous le libre usage de leur activité et de leur industrie, la société protége le faible contre le fort ; qu'en augmentant le bien-être et la richesse générale, on augmente la part du prolétaire beaucoup mieux qu'on ne le ferait en ruinant le capital ; qu'en ôtant au travail son stimulant naturel, l'épargne et la propriété, on ne ferait qu'organiser la fainéantise ; et qu'en somme, l'égalité absolue qu'ils rêvent n'est pas seulement la plus irréalisable des chimères, mais encore la plus flagrante injustice, puisqu'elle mettrait sur le même rang, qu'elle ferait jouir des mêmes avantages l'homme habile dans son art et l'impuissant, l'ouvrier laborieux et le fainéant ?

Il n'importerait pas moins de déblayer le terrain des assertions mensongères et des déclamations exagérées du socialisme sur la condition des travailleurs en France. Il faudrait, pour les apprécier à leur juste valeur, mettre en face de souffrances incontestées les progrès accomplis depuis quatre-vingts ans dans la situation des classes ouvrières. Sur les 25 millions d'habitants que notre pays comptait en 89, le clergé comprenait 140 mille individus possédant, pour 4 milliards d'immeubles, la noblesse, composée de 80 mille membres, possédait près de la moitié du sol. Aujourd'hui les cotes foncières s'élèvent à plus de 11 millions. Les propriétés se divisent en trois classes, et celle des petits propriétaires possédant 3 hectares en moyenne, était en 1863 de 5 millions. On voit ce qu'il faut penser de cette « *minorité infinie* » dont parlent les manifestes de l'*Internationale*, laquelle semble croire qu'il n'y a dans le monde que des patrons et des ouvriers. — On sait, d'autre part, que depuis 89, la rente de la terre a augmenté de 150 p. 0/0 ; les salaires de 100 p. 0/0 ; et que la production industrielle a suivi une progression beaucoup [plus forte encore. — L'enquête publiée à Paris, en 1861, par la chambre du commerce, nous apprend qu'à cette époque les 416 mille ouvriers qui y vivaient de leur travail recevaient un salaire variant entre 50 c. (enfants) et 20 fr. par jour. Le capital des *caisses d'épargne*, créées depuis 1820, s'élevait en 1870 à 730 millions ; celui des sociétés de *secours mutuels* à 46 millions 310,791 fr. Celui des *caisses de retraite* pour la vieillesse (instituées depuis 20 ans) à 18 millions. Or les ouvriers sont possesseurs pour la plus grande partie de ces capitaux, dont le chiffre augmente considérablement tous les ans. Aujourd'hui il n'est pas d'ouvriers rangés et intelligents qui ne possèdent quelques épargnes placées en rentes sur l'Etat, et valeurs de chemins de fer, etc. —Puissent les passions anarchiques ne pas mettre obstacle à ce progrès ascendant, trop lent peut-être pour des hommes plus impatients de jouir que de travailler, mais plus certains que les panacées que leur vantent les docteurs du socialisme.

On peut concevoir des doutes sur l'utilité dont serait, pour les ouvriers, l'enseignement de l'économie politique, quand on voit quel usage font de leur demi-savoir les professeurs en communisme qui brillent à leur premier rang. On se demande s'ils ne feraient pas un meilleur usage de leur intelligence en l'appliquant aux perfectionnements dont est susceptible la profession qu'ils exercent ? Soit ! mais comme il est absolument impossible de leur fermer l'accès des discussions économiques, et que cette objection pourrait aussi bien s'appliquer à l'instruction en général, instrument à deux tranchants dont on peut faire un bon ou un mauvais usage, tâchons, du moins, que dans ce champ de la science ouvert à tous, on ne moissonne pas plus d'erreurs que de vérités. A côté du poison, plaçons le correctif ; au lieu d'un aliment frelaté, offrons l'aliment sain et substantiel des bonnes doctrines ; n'enseignons pas seulement à lire aux enfants du peuple, occupons-nous surtout de ce qu'ils lisent.

On insiste en faisant remarquer l'inutilité des efforts tentés par la presse, par d'éloquents orateurs, par d'éminents écrivains pour la guérison de la contagion communiste. On fait encore observer que si la presse, si le ridicule pouvait tuer quelqu'un dans ce monde-là, la Commune aurait succombé sous la guerre d'épigrammes et d'ironies dont les écrivains les plus autorisés criblaient tous les jours les acteurs de cette sinistre parade. — Nous répondrons que l'inutilité de ces efforts a tenu surtout à ce qu'ils venaient trop tard ; à ce qu'ils s'adressaient à des hommes auxquels on avait inoculé depuis longues années le virus socialiste. On n'attend pas pour ensemencer un champ que l'ivraie l'ait envahi. Bonnes ou mauvaises les premières impressions sont ineffaçables, et l'on a bien peu de prise sur des intelligences faussées par les sophismes des charlatans de la démagogie. Cependant il faudrait, en fin de compte, désespérer à jamais de la raison, si les vérités de sens commun qui forment son patrimoine universel, devaient être un jour complétement éclipsées par les conceptions délirantes du communisme ; si l'on parvenait à persuader à des populations entières qu'elles ne peuvent trouver leur félicité que dans l'anéantissement de ces liens de famille qui sont le charme de la vie comme le sentiment religieux en est la consolation ; dans la destruction de cette liberté individuelle qui est son plus beau lot, de ce droit de propriété qui s'y rattache indissolublement, et qui peut seul servir de base à la civilisation. Non ! le suprême auteur des choses n'a pas créé l'homme libre et responsable, il n'a pas déposé dans son cœur le germe des plus doux penchants, et dans sa raison la soif de la justice et de la vérité, pour qu'il fut permis à quelques insensés de substituer à l'ordre éternel de la nature les rêves de leurs basses convoitises. Non ! la France n'est pas tombée si bas qu'elle puisse être étouffée sous l'étreinte de la secte impie qui a juré de l'asservir. Que les honnêtes gens de tous les partis se rallient autour du pilote expérimenté qui vient de nous faire doubler avec tant d'habileté le cap des tempêtes, et le pays sera sauvé.

Ici vient se placer sous ma plume, comme pour me couvrir de son patronage, un passage des *Essais*, où je trouve résumée, en quelques lignes, la pensée qui m'a guidé dans ce travail. « La gloire de la France est l'un des plus nobles « ornements du monde. Dieu en chasse loin nos divisions ! « Entière et unie je la trouve défendue de tout autre vio- « lence. Je l'advise que de tous les partis le pire sera celui « qui la mettra en discorde, et ne crains pour elle qu'elle- « même. » (MONTAIGNE.)

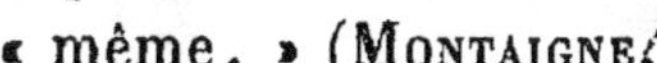

Nancy, imp. G. Crépin-Leblond, Grande-Rue (Ville-Vieille), 14.